I0358812

مقام حیرت

اثر:

محمد ادریس بقایی

Barmakids Press

Barmakids Press, Toronto Canada.
🌐 www.Barmakids.com
✉ info@barmakids.com

Copyright © 2024 by Barmakids Press
ISBN: 978-1-7381011-9-1
All rights reserved. No part of this book may be reproduced, stored in a retrieval system or transmitted in any form or by any means – electronic, mechanical, photocopying, and recording or otherwise – without the prior written permission of the author or the publisher, except for brief passages quoted by a reviewer in a newspaper or magazine. To perform any of the above is an infringement of copyright law.
Available from major online stores

Title of the book: Moqam-e Hairat
Author: Mohammad Idrees Baqaiee
Author's email: Qatra.baqaye@gmail.com

شناس‌نامه کتاب

نام کتاب: مقام حیرت
شاعر: محمد ادریس بقایی (قطره)
ویرایش، برگ‌آرا و طرح پشتی: محمد ادریس بقایی (قطره)
ناشر: انتشارات برمکیان
سال چاپ: بهار ۱۴۰۳ خورشیدی

حقوق تألیف و چاپ این کتاب محفوظ و نقل مطالب آن به هر عنوان و ترتیب بدون اجازهٔ کتبی نویسنده و یا ناشر ممنوع است.

به نام خداوند بخشاینده و مهربان

اهدا به:

روان

حضرت استادم

مرشدنا (نجم العرفا)

حیدری وجودی رح

و

کاکای مرحومم

الحاج غلام صدیق (بقایی)

أ

فهرست

شماره	عنوان	صفحه	عنوان	صفحه
–	فهرست	ا – ب	زندگی نامه شاعر	ت-ذ
–	تقریظ	ز– ص	غزل ها	۱
	غزل ها			
–	غزل ها	۱	جهان دل	۳
–	تک تک ساعت	۴	نو بهار	۵
–	طلسم رایحه	۶	چنگیز نگاه	۷-۸
–	ذهن آشفته	۹-۱۰	تصوف	۱۱-۱۲
–	جرئت پرواز	۱۳-۱۴	محو حیرت	۱۵-۱۶
–	پارسی یا دری	۱۷-۱۸	سفر روح	۱۹-۲۰
–	جنون و هوش	۲۱-۲۲	همسایه	۲۳-۲۴
–	مقصود بیدلان	۲۵-۲۶	می بوسمت	۲۷
–	آیینه ی دل	۲۸	دامن کوتاه	۲۹-۳۰
–	شور استغنا	۳۱-۳۲	دماغ تخیل	۳۳-۳۴
–	ریاضت گاه شوق	۳۵-۳۶	معدن گنجینه	۳۷-۳۸
–	دست غریق	۳۹-۴۰	تصویر انسان	۴۱-۴۲
–	دشت لاله زار	۴۳	بال عنقا	۴۴

شماره	عنوان	صفحه	عنوان	صفحه
	فهرست			
	عنوان	صفحه	عنوان	صفحه
-	داغ نا مرادی	۴۶-۴۵	بیکار و پریشان	۴۸-۴۷
-	کنج خرابات	۴۹	زورق شکسته	۵۰
-	داغ سینه	۵۲-۵۱	شاعر شدم	۵۵-۵۳
-	جبر و اختیار	۵۷	اندکی تامل	۵۸
-	تجارت دین	۶۰-۵۹	صلح و آزادی	۶۱
-	کج کلاه	۶۲	در وصف نجم العرفا	۶۴-۶۳
-	در مدح استاد فروزی	۶۶-۶۵	مخمس	۶۹-۶۷
مثنوی ها				
-	مثنوی ها	۷۱	بازگویی یک خواب	۷۴-۷۳
-	عشق و خلقت	۷۶-۷۵	درمدح (قندی آغا)	۸۰-۷۷
رباعی ها				
-	رباعی ها	۱۱۵-۸۱	-	-
دو بیتی ها				
-	دوبیتی ها	۱۳۸-۱۱۷	-	-

زندگی نامه شاعر به قلم خودش

محمد ادریس نام دارم تخلص خانواده گی ام «بقایی» است. نسبت گرایش به عرفان و فلسفه مرا واداشت تا برداشت های خود را در لباس شعر که کلام را در ذهن خواننده زیبا و سنگین حک می کند، جا نمایم. مقطع غزل هایم با اسم «قطره» مزین شده اند، از این رو من را دوستان ادبی به نام قطره می شناسند.

سکونت اصلی ام پنجشیر است و در تابستان (سال ۱۳۵۸ در شهر کابل) چشم به جهان هستی گشودم.

دروس ابتدایی و عالی را تا صنف (۱۲) از لیسه عالی «درخانی» آغاز و در لیسه «نادریه» به اتمام رسانیدم؛ در سال (۱۳۹۷) از رشته کمپیوتر سانیس (بی سی اس) در دانشگاه «میوند» فارغ گردیدم.

در کودکی باوجود پیشبرد دروس مکتب، کتاب های امور دینی از قبیل منیه، کنزالدقائق، خلاصه کیدانی، نورظلم، صرف بهائی، شروط الصلوات و قدوری را در مسجد نزد مدرسین و امام وقت خواندم؛ هم زمان مشغول حفظ قران کریم و احادیث نیز بودم. داستان های آموزنده نویسنده گان مشهور شوروی وقت «لوتولستوی»، «وکیتور هوگو» و «ماکسیم گورکی» را که پدرم طور امانت از کتابخانه «دانشگاه کابل» جهت مطالعه به خانه می آورد، در اوقات تفریح می خواندم؛ اثر مشهور ویکتور هوگو «بی نوایان» و «قلب فروزان دانکو» اثر ماکسیم «گورکی» را تاکنون به خاطر دارم.

در آوان نوجوانی داستان های پولیسی «ناول» را نیز مطالعه کرده ام.

تقریباً تمام داستان های نویسنده گان مشهور ایران: «امیر عشیری»، «پرویز قاضی سعید»، «منوچهر مطیعی» و «ناصر خدایار» را خوانده ام. آنقدر به مطالعه داستان معتاد بودم، اگر روز یک یا دو کتاب را نمی خواندم آرامش نداشتم. بعضی این کتاب ها را از بازار می خریدم و تعداد دیگری را از کتاب فروشی ها به کرایه می گرفتم. این دور حیات (مرحله اول نو جوانی ام) مصادف است با دو سال اخیر حکومت مجاهدین که طعم تلخ دود و باروت جنگ های تحمیلی را نیز چشیده ام. آن وقت خانه ما در «گردنه باغ بالا» بود و از دید نظامی این منطقه خط مرزی جنگ دولت، با مخالفینش بود؛ وقایع و حوادث که باالاثر جنگ طرفین بوقوع می پیوست، زنده می دیدم و از جمع آشنایان و دوستانم باالاثر اصابت هاوان و گلوله های کو، هر روز کم میشد...

با برکناری حکومت استاد ربانی و اشغال شهر کابل توسط طالبان پا به مرحله دوم نو جوانی گذاشتم؛ دراین دوره رنج ها و درد های جدید را با مردم یکجا تجربه کردم، مسافرت ها، مهاجرت و سختی های روزگار تَوهم گلوی فریاد را می فشرد و سرایش را در دل و ذهنم تحریک می نمود؛ باوجود مشقت ها دمی را خالی اگر از رنج می یافتم، غزل های حضرت (لسان الغیب) حافظ شیرازی رح را حفظ میکردم و این روند تا سقوط حکومت طالبان ادامه داشت...

سر انجام با روی کار آمدن اداره موقت و سقوط حاکمیت طالبان دوباره به وطن برگشتیم...یکی از روز ها در سال (۱۳۸۱هه.ش) در محفل عروسی، نواسه خاله مادرم که خانه شان در بالا کوه عاشقان و عارفان (خواجه صفا) موقعیت داشت، شرکت کردم؛

هوای محفل به ذوق و حالم نبود، ناگزیر به بهانه ادای «نماز جمعه» محفل را به قصد مسجد ترک کردم. وقتی در مسجد (خانقای عاشقان و عارفان علیه الرحمه) رسیدم، طبق معمول روز های جمعه قبل از ادای نماز جمعه حلقه ذکر و نعت خوانی آنجا شکل می گرفت و خوشبختانه آن روز در جمع شان پیوستم. حال و هوای صوفیان را مصداق بیتی از حضرت ابوالمعانی میرزا عبدالقادر (بیدل)یافتم که در دیوار آنجا خطاطی شده بود:

«بیدل هجوم گریه ی ما را سبب مپرس
بی مقصد است کوشش اشکِ روان ما»

و بعد از ختم ذکر و ادای «نماز جمعه» با خودم چیز هایی زمزمه میکردم که ارتباط مستقیم با جهان «تصوف و عرفان» داشت، همین بود که لب به سرایش گشودم و چیز های می نوشتم و تمرین میکردم.

بعد از مدتی به امید کسب «فیوضات» به این فکر افتادم که پای پیر «طریقت» یا استادی زانو بزنم. اما با هر شخصی که به نام پیر سر میخوردم بعد از «وارانداز» مطلوب حاصل نمی شد و مایوسانه محل را ترک می کردم؛ سر انجام با پیر دریا دلی که لبریز از عشق و معرفت بود، سر خوردم. این شخص (عارف باالله) مولوی عصر ما حضرت مرشدنا (نجم العرفا) حیدری وجودی رح است که آیینه درون و بیرونش پر از امواج نور و خالی از هر نوع گرد و غبار بود...

یافتن این گنج را موهبت الهی دانسته، جهت پیشبرد دروس عرفانی روز های دو شنبه و پنج شنبه در «کتابخانه عامه کابل» نزد این عارف شوریده حال، با جمع یاران حلقه به آموزش تفسیر «مثنوی شریف» و «چهار عنصر»

ابوالمعانی بیدل می پرداختم؛ روند آموزش از حضور مبارک طی (۲۰) سال تا یک هفته قبل از وفاتش جریان داشت. هرچند با مشکلات فراوان وظیفوی و دانشگاه درگیر بودم؛ حضرت استاد چند بار مرا چنین گوشزد کرد: «به کارهایت بِرس؛ درس هایت را خلاص کن [یعنی میخواست بگوید: به دیدن من می توانی خارج از روز های درس کتابخانه بیایی] دراینجا درس های مان فرعی ست.» چون این امپراتور اقلیم عرفان و ادب فرمان صادر کرد، ناگزیر مدتی از درس های حلقه دور بودم ولی گاه و ناگاه جهت دیدار شان به کتابخانه عامه کابل می شتافتم. ناگفته نماند که در آموزش «اوزان عروضی» جرئت سوال کردن را از استاد (حیدری وجودی) نداشتم ولی با تحقیق و مطالعات فراوان (خود آموز) به دستور زبان، اوزان عروض و سبک شناسی شعر، متناسب به درجه استعداد دست یافتم و همین بود که طراوش های ذهنی خود را که باالاثر تفکر، تخیل و تجربه می طراوید در قالب «شعر» تنظیم نمایم.

هر چند که شعر، از نظر دانشمندان تعاریف مختلف و متفاوت دارد چونانکه، بو علی سینا و ارسطو دانشمندان مشهور جهان، معتقدند که شعر سخن خیال انگیز است، اما نقش وزن در شعر را اختلاف دارند؛ همینطور نظامی «عروضی» و افلاطون شعر را تعبیر نادرست از واقعیت ها میدانند، افلاطون می گوید: که هنر سه مرتبه از واقعیت دور است و عروضی می افزاید: « شاعری صناعتی است که شاعر بدان صناعت اتساق مقدمات موهومه کند» یعنی بر معنی هرچیز ضد آن را گوید، مانند سایه «نور»، بلندی «پستی» و غیره امثالهم... شکسپیر شاعر قرن (هفدهم میلادی) شعر را ترنم زیبائی میداند

که از بدو پیدایش بشریت با هم سوی و هم گامی آنها همرا بوده است. ویکتور هوگو شاعر معروف (قرن هجدهم میلادی) میگوید: «شعر ارکستر پر هیجانی است که آواز بشر و طبیعت و حوادث را به هم آمیخته است.» اما در کل از این برداشت های متفاوت، چنین استنباط می شود که بر قامت شمشاد شعر نمی توان صرف یک جامه خرید و بُرید... شعر، از نظر من رژه منظم سپاهی واژگان است، شعر سخنی ست موزون، کلامی ست منسجم، هنریست والا و پدیده ایست که با قوت تخیل ازاثر انفجار احساسات یک شاعر تولد میگردد؛ شوخی منظره و طبیعت در تولید یک شعر هم، بی اثر نیست که حیرت آفرینی آن باعث طغیان در طبع و ذوق شاعر می شود. شعر ماندگار با تصاویر بُکر متکی بر چهار پایه (استعاره، کنایه، تشبیه ومجاز) بدیع و بیان استوار است که بطور الهامی یا تخنیکی توسط شاعر خلق می گردد؛ ممکن مضمون بعضی از سرایش ها موقع خوانش به ذوق خواننده برابر نباشد؛ به قول ابوالمعانی: « [دلیل آنست که غواص لب ساحل نشسته به کف های روی آب می نگرد، اینکه در دل آب گوهر و سنگ های قیمتی ست از چشم و دیدآن پنهان است و برای رسیدن و دیدن چنین منظره باید با دل و جان در عمق آب شناکرد...]

در پرده ی ســاز مــا نوا بسیار است
عیب هنر، زنگ و صفا بسیار است
خواه کف گیــر و خواه گوهــربردار
ما دریاییم و مـــوج ما بسیار است»

و عین موضوع را حضرت علامه اقبال لاهوری (رح) با وزن و تصویر دیگری از گردن شاعر ساقط میکند که همیشه پنجه ی شاعر نمی درخشد تا محصول آن، نقشِ دلانگیز باشد؛ اما عرفای باالله ازاین امر مستثنی میباشند.

کرم شبتاب است شاعر در شبستان وجود
در پر و بالش فروغی گاه است و گاه نیست

اقبال رح*

خلاصه این که من شعر را بهترین وسیله برای تغیر مثبت انسان ها میدانم؛ زیرا مردم هر روز با شنیدن حرف عادی عادت کرده اند و برای اصلاح کارگر نیست. اما سخن منظم که در گویش و شنیدن زیبایی خلق می کند خوب تر و دقیق تر در اذهان عامه حک می گردد و این سخن منظم را «شعر» می نامند که مضامین آن روایتی ست از یک موضوع؛ حال آنکه طراوش های ذهنی یک شاعر در کدام سروده چی نوعی ست بر می خورد به دقت خواننده و قدرت تخیّل و فارغ بالی شاعر. از نظر من که باالاثر تجربه دریافته ام، شاعران در این عصر هر قدر با سختی ها دست و پنجه نرم کنند؛ وقت آرامش برای ترسیم طراوش های ذهنی در کاغذ نداشته باشند؛ همان شعر، زیبا تولد (استخراج) نمی شود؛ همچنان آثار هر شاعر متاثر از منابع الهامی کشور و جامعه سنتی ست. این که در شعر شعرای این مرز و بوم، رنگ دود و خون است؛ بر میخورد به صد یا حد اقل چهل سال «در به دری» و جنگ در کشور. اگر از حق نگذریم، شعر های من هم مستثنی از این موضوع نیست و اکثر رنگ و بوی رنج، درد و غم دارد.

من شعر را رسالتی برگردن شاعر می دانم و مسئولیتی به سنگینی یک کوه... هر شعر یک شاعر به قیمت خون دل سروده می شود و حیثیت اولاد را دارد.

«مقام حیرت» که اولین مجموعه شعری من است، محتوای آن با موضوعات فلسفی، عرفانی و اجتماعی در قالب های دو بیتی، رباعی، چهار پاره، غزل، مثنوی، مخمس، مسدس، منظم مزین گردیده اند و ممکن نواقص ترتیب مضمون را در خود دارند؛ از بزرگان، صاحب نظران و اساتید انتظار دارم بر کاستی های کلام خرده نگیرند.

برعلاوه این مجموعه هفت کتاب دیگر بنام های «داستان مزار بیدل رح»، «عجز پسندیده و ناپسندیده در کلام بیدل»، «تدوین شرح مختصر چهار عنصر بیدل»، «جبر و اختیار»، «خود آموز وزن شعر»، «فنون بدیع و بیان» مجموعه شعری «نای شکسته» روی دست دارم اگر خواست خدا بود، یکی پی دیگر به زیور چاپ می آرایند.

و در پایان جا دارد از پسر کاکایم احمد سیر «بقایی» و دوست عزیزم فرید جان «محتاط» که در چاپ این مجموعه از هیچ نوع سعی دریغ نورزیدند، سپاسگذاری نمایم؛ همچنان از شعرای محترم، داکتر صاحب عبدالخالق «تنها» و بانو عزیزه «عنایت» مدیونم که «تقریظ» شان به زیبایی و اعتبار این کتاب افزوده است.

محمد ادریس بقایی (قطره)
۲۱/۱/۱۴۰۳ بیست و هشتم رمضان المبارک

مقام حیرت

تقریظ

نون والقلم و ما یسطرون... سبحان رب الاعلی

«**بنام خداوند جان و خرد کزان برتر اندیشه برنگذرد.**» در کاجستان شعر وعرفان فارسی چه کاج های بلندی است که هنوز است، سایه گسترهستند و بلندای قامت شان از عقب ستیغ های شامخ تاریخ همواره نمایان است. گلشن پر بار و پر گل ادبیات فارسی رنگینی خاص خودش را دارد؛ پیوسته سبز و شاداب و خوشگوار است. این گلشن با گل های رنگارنگ و مرغوب خود مشام جان ما را تر و تازه نگهداشته و عطر جان بخشای آن بلا انقطاع در دهلیز های پرخم و پیچ زمانه ها ساری وطاریست. اینک سرو آزاده ی دیگری از کاجستان سبز عرفان و ادب فارسی سر برکشیده وقامت افراشته است، جوان شاعر و عارف ارجمند عزیز جناب محمد ادریس بقایی« قطره» گلهای زیبایی راکه از بوستان «ادب وعرفان» چیده است، بسته و دسته کرده و به دوستداران شعر و عرفان پیشکش می نماید. من با روال اشعار قطره صاحب بلد هستم و میدانم که ذوق و طبع شعری شان خیلی ها شاذ و عالی است. «مشک آنست که خود بوید نه آنکه عطار گوید .» ارجمند عزیز قطره صاحب، عمری را در مصاحبت، مجالست و محافل درس مثنوی معنوی نزد (نجم العرفا)حضرت حیدری وجودی سپری کرده اند و از محضر استاد بزرگوار، وجودی صاحب مرحوم فیض وافی وکافی برده اند. ازاین جهت محضر جناب استاد حیدری وجودی بالای اشعار قطره صاحب تاثیرات عرفانی خود را داشته است و همچنان:

سبک حضرت ابوالمعانی میرزا عبدالقادر بیدل هم در اشعار شان قابل لمس است. جناب قطره صاحب مضامین باریک و لطیف عرفانی را خوب پرورش میدهد و در قالب غزل و رباعی بیشتر مهارت دارند. غزلیات قطره صاحب معزز با آب و تاب عرفانی عجین است و بوی باریک نگری ها و نکته یابی های عرفانی از آن ها به مشام می رسد.

اشعار قطره صاحب پر تکلف نیست، سلیس وروان و دارای فصاحت و بلاغت عالی وناب می باشند که اگر من بالای هر پارچه غزل یا رباعی این مجموعه بحث کنم باعث ضیاع وقت خواننده ی عزیز خواهد شد. چاپ این مجموعه نوید خوبی است برای ترقی وتعالی فرهنگ عرفانی وادبی کشور عزیز و زبان نازنین ما که همگی دراین افتخارات شریک هستیم و چاپ این گزینه برای ما مایه ی فخر و مباهات است. این حقیر مخلصانه میگویم که:

مشربی پروانه دارم در طریقی عاشقی

شاد میگردم چراغ هر که روشن می شود

بناءً قبلاً و قلباً چاپ این گزینه را به جناب ارجمند عزیز قطره صاحب تبریک گفته امید وارم روزنه ها روشن و افق های نیلگونی بهتر نصیب ادبیات عرفانی وتصوفی ما شود. به آرزوی شگوفایی وبالندگی فرهنگ پر بار زبان فارسی در کشور عزیزما، عرایض خودرا اختتام می بخشم.

بااحترام

دوکتور عبدالخالق(تنها) کاشفی

کابل... ۲۶ حمل ۱۴۰۲

تقریظ

به نام خداوند توانا:

باآنکه افغانستان وطن عزیزمان بیشتر از چهل سال جنگ های خانمان سوز را سپری کرده است و این جنگ جان کاه همان طوری که روی مسایل اقتصادی، سیاسی، اجتماعی تاثیرات منفی گذاشته است، مسایل فرهنگی هم دور از این آسیب جنگ نبوده است و طوری که شاید و باید به ساختارهای زیر بنایی فرهنگی، رشد استعداد جوانان، تشویق و مساعد ساختن زمینه های کتاب وکتاب خوانی دربین جوانان، تشویق نمودن مبتکرین جوان درعرصه های مختلف و... پرداخته میشد، نشد. اما بازهم جای بسا خشنودی است که دراین شرایط ناگوار بزرگان ادب در هرگوشه وکنارافغانستان به طورشخصی از جوانانی که درشرایط ناگوار وطن، سر بلند کردند، قلم بردست گرفته و با نوشتن اشعار، مقالات، طنزنویسی، داستان، سعی و تلاش کردند که از فرهنگ و داشته های وطن حفاظت کنند، حمایت کردند.

بزرگ مردانی چون مرحوم استاد عبدالحمید اسیر مشهور به «قندی آغا» و مرحوم غلام حیدر متخلص به «حیدری» و «وجودی» عارف و شاعر والا مقام و امثال این دانشمندانی بودند که درعرصه ی فرهنگ و تربیت شاگردان در پرتو علم و دانش خدمات زیادی را انجام دادند که درآن بارگاه هم وطنان زیادی اعم از پیر و برنا، بانوان جمع میشدند و به قدر توان از بساط علم و دانش آن جنابان بهره می بردند.

ناگفته نماند که من نیز به فضل خدای متعال مدت چندین سال افتخار شاگردی «قندی آغا» را دارم و از داشته های آن پیرخردمند آموختم که تا حال درحق ایشان دعای خیرمی نمایم. بعد از رحلت پسران شان جناب عبدالعزیز «مهجور،» عبدالله «موفق،» عبدالغفور«اسیر» و همچنان نوادهٔ های شان، جناب عبدالقادر«آرزو،» بانو اسما «مهجور» ازمشعل داران این مکتب بودند که دراین دوره هم شاگردان زیادی از برکت این مکتب خانه ها تربیت یافتند که محترم محمد ادریس بقایی«قطره» را نمی توان ازاین دو حلقه بعید دانست، او شاعریست خوش طبع، سروده های زیادی دارند که خوشبختانه تعداد ازاین سروده ها جمع آواری و به نام «مقام حیرت» بطور مجموعه عنقریب به چاپ می رسد،که این سروده ها شامل غزلیات، مخمسات، مثنوی، مسدس، رباعی و دوبیتی با دیزاین عالی روی جلد میباشد. سروده ها همانطوری که موضوعات عرفانی را دربردارند موضوعات اخلاقی، اجتماعی مثل فقر، جنگ، بدبختی های ملت افغانستان، شرایط ناگوار وطن را نیز در خود دارد که صدای ملت رنجدیدهٔ افغانستان را با احساس بلند از لابلای این سروده های محترم بقایی میتوان شنید.

در اخیر از خداوند برای شان موفقیت های بیشتری میخواهم که در آینده کتابهای زیادی را به علاقه مندان و دوستداران شعر عرضه کنند.

با احترام

عزیزه عنایت

محمد ادریس بقایی

غزل ها

مقام حیرت

جهان دل

دل جهانی ست پر از شور و نوا
می فریبد به فسون و به دغا
می کشد سوی فراسوی جهان
آشکار و گهِ پنهان و خفا
مشت خونی که تپیدن دارد
هَوسش بال و پریدن به هوا
هر کسی را به طریقی ببرد
به نگاهی، به اداهی، به صدا
حذر عقلت ز کنارش نپَرد
میشوی کشته ی غم ها بَه خطا
می خورد تیر دو پهلوی سَمی
دلِ بیچاره ز مـژگـان جفا
قطره هشدار که غافل نَشوی
بِفریبد دلِ دیوانه تو را

۳/۲۱/۱۴۰۳

تک تک ساعت

به ساز تک تَکِ ساعت، زمان می شکند
بهار و شوخی گل بی خزان می شکند

که خورده است شرابی به رنگینی می
ز دست محتَسِبی که استِکان می شکند

در این جهنُمِ تقدیر، مختار کی است
سخن نگفته گلو و دهان می شکند

فتاده سایه ی تار و سیاه دور و برم
ز انتظـــار سرم، آسمـــان می شکند

رسیـــده آخَـــر راه و دگـــرنیست امید
درون سینــه دلـم در نهـان می شکند

۱۴۰۲/۴/۱۲

نو بهار

عطــر گــل نــو بهــار نوروزی ست
ســبـزه و گـل زوار نوروزی ست
هــر طــرف بنگـــری گلاب و گل
موسمِ کشت وکار نوروزی ست
چهـچـه ای بلبل و پرستــو ها
غنچه ای گل ســوار نوروزی ست
از جبین بــاز می شــود چیـن ها
ایـن طلسم افتخــار نوروزی ست
قلقــل و جــوش دارد آب شراب
شربــت می خمــار نوروزی ست
از تخــــار و دو شنبــه تــا ایران
مهــد خویش و تبار نوروزی ست
جشن جمشید وسالخورشیدست
بلــخ زیبــا دیــار نوروزی ست
سرکه و هفت سین درفش عجم
شعر «حافظ» شعار نوروزی ست

۱۴/۱۲/۱۴۰۲

طلسم رایحه

دمـی کـه پرچم زلفت بدست باد فتاد
زبـان شیـخ ز فتـوای اجتهـاد فتاد
دماغ خلق خدا را غنـوده بود مواج
ز عطر نکهت خوش جاده انسداد فتاد
به هرقدم گذرت روی خاک سبزه دمید
طلسـم رایحـه زد بـرج انجمـاد فتاد
گلاب و نسترن ولاله های دشت ودمن
به پیـش روی تو از رونق وکساد فتاد
شب و قیامت صغرا به شهرآذین بست
ز شـور و هلهـله آوازه در بلاد فتاد
فلک به زیـر قدم های تـو نهاده سرند
ز سـرو قامت تـو سایـه بر چکاد فتاد
نگـاه هیبت تـو خلـق را فکنـده کند
ز ژرف هر نِگهـت شـرم در نهـاد فتاد
نقاش هاکه دمی نقش می کشید تو را
دریده کاغـذ و خـون از لب مداد فتاد
٢/١/١۴٠٣

چنگیز نگاه

باد هر سو مـی بَرَد عطرِ دوگیسویی تو را
ماه می شرمـد که بینـد تیغ ابرویی تو را

در بیابان با خرامت لاله و گل می دمد
عشق گویند این طلسمِ سِحر و جادویی تو را

موج بی رنگـی ز دربـارِ نقابت می زند
بی نشانی نقش بندد خصلت و خویی تو را

چرخ می زد در بیابان آهُوان دور و برت
زان سبب دارد غزالان عطرخوشبویی تو را

آفتابِ روشن و تابان که تابد شش جهت
می شود پنهان اگر بیند مَهِ رویی تو را

یک جهان دیوانه در عشقِ تو رفتند نا مُراد
در کویرِ سینه بردنـد داغ پهلویی تو را

مقام حیرت

می پرستد پادشاه و لشکر اهریمنان
امپراتوریِ جُغدِ حلقه ای مویی تو را

برق چنگیز نگاهت عالمی را داغ کرد
من بنازم ارتشِ جان گیر و اردویی تو را

می خرامد یک تبسم از گلاب غنچه ات
عشق میکارد قدومش دردلم هویی تو را

شاعران نادیده سرگرمِ ثنا و مدح تو
عاشقان جویند هر سویی فرا سویی تو را

۱۱/۱۲/۱۴۰۲

ذهن آشفته

شده کس در وطـن خویش مهاجر باشد
در به در خاک به سر مثل مسافر باشد

گِله ها هرکس و ناکس بکند پشت سرت
شکـوه ای دوسـت و بیگـانـه برابر باشد

شده کس سَیرکند هر دوجهان رابه شبی
غرق در خود شـود از خلق مغایر باشد

ذهن آشفته ای او کنـج قفـس ها در بند
بیم و اوهـام کنـد رخنـه مخـاطر باشد

از سَرِ صبـح نشینـد که گشـاید گرِهی
عقده افـزود شـود خستـه به وافر باشد

وقتی از خانه برون سر بزند سوی دُکان
به دلـش دلهره و تـرس شنـاور باشد

جگرش خون و دل از عقده زند آبله داغ
کـه سـرِ راه، مقابـل بـه دو قاطـر باشد

هیچ چیزی سرجایش که نبیند به کرَت
باخودش حرف و سخن گفته محاورباشد

هر چه فریاد زند کـس نرَود محضرِ او
ناله هـا کی برسـد گوش خطا کرباشد

آنچه من دیده ام ازجور زمان سنگ ندید
کیست آن مرد در این رزم بهادر باشد

قطره هشدارشکـایت مکن از رنج وعذاب
رسـد آخر به تو اجـری که فراتر باشد
۶/۱۲/۱۴۰۲

تَصَوف

بدستِ من تَصَوف خنجرِ بُران داده ست
برای سر زدنِ جهل مفسدان داده ست

زبان عجز و ادب آخر از هزاران سال
تمام مرد و زنِ خطّه را زیان داده ست

هرآن که شوق سخن داشت دل به دریازد
مگر خدا سَرِ رشته به ابلهان داده ست

درختِ طالع و تقدیر ما همین دارد
که سنگ حادثه را به سر ارمغان داده ست

چو در عدم زده بودند نقش بد تقدیرم
سموم حادثه را روز امتحان داده ست

ز بنده هیچ نخواهم که در قفس بند است
دوای درد مرا هفت آسمان داده ست

ز درد عشق مراخون دِل و جگرکرده ست
امـا نماد و نشان را به دشمنان داده ست

دلم به بی کسی و غربت خودم گریَد
که شورعشق مُقدّس به ارمغان داده ست

برای آن کـه شَـوَم یـار دوستـان دایم
بجای مهر ومُحبّت شک وگمان داده ست

کس ازقبیله ی بشکسته گان ندارد شکوه
خدا جزای خیانت به خاینان داده ست

هـزار خـامـه شکستـم امـا ادب و عجز
به خامُشی سَر هر مو دو صدزبان داده ست
۳/۳/۱۴۰۱

جرئت پرواز

شــور عشــقِ گــل کنــد تا محشرِ بر پا شود
سنگ را آتــش بــزن تا زندگــی معنا شود

خون ســرخ و داغ افگــن در طلسمِ انجماد
در دلِ دل مُــرده هــا یک روزنِ انشــا شود

چــون درایِ کــاروانِ صبح صــادق بی دریغ
نعــره ی از دل بکش هنگــامه و بلــوا شود

راحتِ گــردون سواری را ز طاقت کن سراغ
نا توانی را بســوزان بــال و پــر عنقــا شود

پر بکــش در بال زخمــیِ عقــابِ همّت ات
جرئتِ پرواز ها در شــش طَرف احیــا شود

آشنــا در موج خون کــن سینه ی قلزم بِدر
مــوج را بر هــم بــزن تــا گوهرِ پیــدا شود

بی تکلف نیست ممکن از بیـابـان ها گذشت
خاک شو گردن فـراز آینـده ات زیبـا شود

غیرمستی هرچه پیش آمد درین میدان جنگ
جز مـی و مینـا سـلاحِ دیگـرِ ملغـا شـود

جسم تنبل کیش را از خواب غفلت وا رهان
شب پرستی را رها کن بینش ات زیبا شود

در اسارت تا به کَی در پشت این دیوار ها
سر بـرآر ای قطره تا زنجیر پایت وا شود

چهارم عید۲۶/۱/۱۴۰۳

محو حیرت

غم به دل آه به لب اشک به چشمم گل کرد
عــرَقی شــرم و حیــا بر رخ زردم گل کرد

وحشتِ نبــض دل آهنگ فنــا می جوشید
چو طلسمی که سَحــر در پَرِ شبنم گل کرد

ز تَحیّــر همــه تن منجمــد و شاخ شدم
سایــه ی ترس فنــا بــر سر و برگم گل کرد

لحظه یی خُرّ جهــان تاب خیــالم جوشید
شرری بر دل خون و لب ســردم گل کرد

تَخَیل در تَحَیر عرصه ی جولان شد و رفت
گــرد راهش بــه هــوا نقــش پلنگم گل کرد

غوطه در خویش زدم ناله ی در پشت نقاب
بی نفس موج خروشانِ که بحــرم گل کرد

مقام حیرت

کـاروان نفـس از مـوج گُهـر مـی تـازید
ناله هـا چون جرسی در تهِ قلبم گل کرد

درمقامی که به حیرت کده تمهید شده است
رفتن از خویش چه مقدار به وصلم گل کرد

تا شکسـت آینه ای رنگ اسیـری من و دل
شرری کاغـذم آتش زد و مَحـوم گل کرد

خاک مـا قطـره اگـر داغ ندامت نکشید
از تپش های دلم کاسه ی صبرم گل کرد

لیل/۱۴۰۲/۹/۲/۱

پارسی یا دری

ایران و عراق هم رهینِ پارسیست
تا مرکز هند سر زمینِ پارسیست

تو پارسی یا دری بگـو عجب مدار
این دُرّ دری نـام پسینِ پارسیست

عرفان و ریاضت است جلای جوهرش
اخلاق و ادب، تاج زرینِ پارسیست

آثار ابوالمعانـی و خیام و جامی
فردوسی و مـولوی قرینِ پارسیست

شهنامه و مثنوی بنـای محکمش
چون نـور بُراق در نگینِ پارسیست

مجذوب و قلندر و فلاسفِ جهان
یکسر همه رهـروان دینِ پارسیست

آواز قشنگ بلبلان و جویبار
مدیون زبانِ انگبینِ پارسیست

این روز زبان پارسی خجسته باد
هشدار که غرب درکمینِ پارسیست

اعراب به سهم خویش برزد آستین
این بیم و هراس ازجبینِ پارسیست

با خنجرکین بریده اند پیکرش
صد پاره تن و دلِ حزینِ پارسیست

۲/۱۲/۱۴۰۱

سفر روح

روزی که به جان من تب آمد
خورشید جهان ز مغرب آمد

تا روح سفر کند به بالا
یک صف ز قطار کوکب آمد

در کشمکشِ دل و مَلک ها
خونی ز گلو و غبغب آمد

بی تاب بُدم جبین عرق سا
جان برگشت و مـذبذب آمد

بیدار شدم ز خواب غفلت
انگار که لرزه بر لب آمد

در حیرت دل شدم شناور
پژواک صدا ز یارب آمد

رفتم همـه تـن به سوی آواز
دیــدم شـرری لبـا لب آمد

فریـاد زدم بـه کوه و صحـرا
از درد و فغــان مـن شب آمد

بالا کردم دو بـاره بی هـوش
زهـری که زنیـش عقرب آمد

یک سینه سخن سرودم آن شب
الهـــام غـــزل مُرتّـــب آمد

لیل ۲۲/۲۱ عقرب ۱۴۰۲

جنون و هوش

عاشق و رند و خرابم می کنم رقص
کشته ای نیم نگاهم می کنم رقص

جوش عشقم مثل منصور و جنونش
زیر تیغ و چوب دار ام میکنم رقص

از جنون و هوش بیدارم نپرسید
بی خود و غرق شرابم میکنم رقص

حیرتم گل کرده در پیدا و پنهان
آشکارا در نهانم می کنم رقص

گاه در مسجد گهی در مندر و دیر
در دعــا و در نمازم می کنم رقص

عابـرِ گُم گشتــه ام بــاکی ندارم
در کمین و راه یارم می کنم رقص

نشئه ای بنگِ دو عالم درسرم است
پرگناهم در خطایم می کنم رقص

آرزو ها و هوس، از دل زدودم
فارغ از قید و مرامم می کنم رقص

آن قَدر مستم ز شورِ عشق و الفت
گر بمیرم زیر خاکم می کنم رقص

ساقیا پُر کن مکرّر جام عیشم
تاسراید جسم و جانم می کنم رقص
۲۳/۷/۱۴۰۲

همسایه

تو را خدا مـزن به سنگ و چوب همسایه
به پشـــت درب ما دگـر مکوب همسایه

فراری و مهـاجریـــم در بـــلاد شمـــا
ز بیـم غـرب و ظلمـتِ جنـوب همسایه

بسوختیــم وکــس نداد جــرعه ی ز کرم
که کام تشنـه گـان شود رسوب همسایه

دعا کنـم ز دل شکستـه گان خبر بِشَوید
که آفتـــاب تـان کنـد غـــروب همسایه

به آه سرد طفل بی پدر که درگیر است
بکاســـت از نجـــابت و صلوبِ همسایه

به حال زار ما کســی نکــرد همدردی
چـرا شُدیـــد قسـوَت القلـوب همسایه؟

منافقت کـه پیشه ی مدام و کارشماست
به سمت مـا ز بـام خـود مروب همسایه

قسم به غربت وفلاکتِ که یاس پرورد است
نگفتــه ایـم تا کنــون عیــوبِ همسایه

دگـر نمانده بهـر مـا توقّـعِ ز شمـا
پنـاه مـان بـدان خـدای خوب همسایه
۱۹/۷/۱۴۰۲

مقصود بیدلان

بریـده از همـه عـالـم شتـاب می گذرم
شکستــه زورق و از منجـلاب می گذرم

طلسم چشـم سیـه مست یک نظر شده ام
که بی اراده ز خـود بی حسـاب می گذرم

نفس به رنـج و غــم دهــر مبتلا نکنم
قلنــدرانــه دو پــا در رکاب می گذرم

غــم جهـان و مطـاعش به جو نمی ارزد
از ایـن ره و َسـرَکِ اضطراب می گذرم

به صوت ناله ای بلبل قسم که پردرد است
ز سـاز چنـگ و نـوای رباب می گذرم

ندیده ام ز خمـاران به جـز طلسم هوس
کنون ز ساغـر و پیک و شـراب می گذرم

صدای دهل ودف ازآنطرف بدورخوش است
ز شـــورباهِ پُر از چــرب و نــاب می گذرم

نظر به هر چه کنم، عقل و دل نمی بندم
از ایــن مکــان مجــازات، ذاب می گذرم

دلــم گرفته از این مردمان سُست و خراب
ز سنگــر و وطــن و انقـــلاب می گذرم

روم به جــای کــه مقصــود بیـــدلان باشد
ز دار هـــر دو جهــان انتخـاب می گذرم
لیل۲-۱۴۰۲/۷/۱

می بوسمت

من نترسم ، جوش عشقم، بی امان می بوسمت
در خیابــان پیش چشم این و آن می بوسمت
آزمایــش مــی کنــی یــاالله کنون، آماده ام
در درونِ صنـف، پیـش از امتحـان می بوسمت
خنده های دل فریبت چون به یادم می رسد
با هُنـر چـون قهـرمانِ داسـتـان می بوسمت
قحطی آمد عشق «دانشگــاهی» ام لبریز شد
در «مسنجـر» ها کنون ای ناجوان می بوسمت
بس که بد آموز گشتــم با تو عادت کرده ام
در حضورِ محتسـب، ای گُل دهان می بوسمت
عشق و الفت اینقدر جرئت مرا بخشیده است
کس ببینـد یـا نبینـد بی عنان می بوسمت
خواب دیدم در بهــارِ روشن و فصلِ گلاب
بی محابا زیـر یک رنگین کمان می بوسمت
تو نپنداری کـه عزمِ بوسه هایم شهوت است
بی هوس پاک و به مثلِ عاشقان می بوسمت
۲۵/۱/۱۴۰۱

آیینه ی دل

ای ساقی جان لطف و کَرم در حق ما کن
سر تا به قدم غرق گناهیم و عطا کن
مختـار کسـی نیست در این دار مجازات
تقدیر رقـم زد کـه پَسِ توبـه خطا کن
هر روز شنفتـی زجـه و آه و نوایـم
از پیـک دعـا هـا سِپَرِ بـرق بلا کن
چرخ و نُه فلک منتظرِ پا به رکاب است
با خنجرِ نـازِ بِدَر این عقــده گشـا کن
افزودنِ صفرم، هوس و کوشش بیجاست
از ضبـط نَفس هـا گِـرهِ سلسله وا کن
هر چند که آیینه ای دل گرد و غبار است
با یک نگه ی مهر در این سینه جلا کن
در دام هوس، بنـد و گرفتـار و اسیـرم
آتش بزن این تار و از این حلقه رها کن
آه از ستـم و جور و جفـا در دل قطره
از بهـر تسلّا ی غـم اش جلـوه نما کن
۲/۲۱/۱۴۰۲

دامن کوتاه

میشه یک شـام تو درخانه ی من سر بزنی
در حریــــم دلِ مــــاتـم کده ام پر بزنی

باده ازشیشـه ی گل رنـگ عقیـقت بدهی
تن سـر مـا زده را آتش سـاغر بزنی

تیـغ ابـروی خم ات را بنشـانی به کمان
ز قِلـورش نظـر انـداختــه خنجـر بزنی

بنشینی بـه مقـابـل بـه کرَت نـاز کنی
بوسـه های عسَلیـن بـا لـب اخگـر بزنی

یخنت بــاز کنـی تـا بدرخشـد مَهِ نــو
خنده بر تـار و حریـم شب کـافر بزنی

بغلـم تنگ بگیـری کـه قیـامـت بدمت
شرری بر تَن یک عاشـق خـود سر بزنی

شش جهت بوی خوشت مشک وقرنفل بِدَمد
شانه وقتی که به موهای معطّر بزنی

مصلحت نیست من آواره ترینت باشم
تو خودت را ته و بالا، به لر و بر بزنی

دل خود را که فدایت کنم آخر، تو همش
طعنه بر دامن کوتاه قلندر بزنی

لیل ۱۴۰۲/۴/۲۷

شور استغنا

آتش اندر خرمنـم زد عشـق بی پروای من
رند عاشق پیشـه ام صورت نشد لیلای من

در خمِ زلف و دو ابرویش طلسمی دیده ام
درد گل کرد و شروع شد شور استغنای من

رنج هرکس در تناسب باز تابِ ظرف اوست
ناله دارد شش جهت آیینـه ی گویای من

در مجاز و عشق شور انگیز دُر شد سنگ من
از فشار دهر خون شـد قلزم و صحرای من

در قمار عاشقـی یـک دَو خـودم را باختم
کس ندارد بسته خونی چون دل شیدای من

گر به صورت شَهوتم لیکن به معنی کوه زهد
خار تهمت کِشت کردند در مسیر و پای من

قوغ آتش در قفس پرورده ام، بو کن سراغ
داغ ها در سینه دارم وای بر من وای من

چون غباری عقل و هوشم هرطرف پر میزند
نیست فارغ بال یک دم این سَر وسودای من

از خجالت اشک شمعم در کمینگاه حضور
می چکد آب و عرق از جبهه ی فرسای من

سر زد از خاک محبت لاله ها در تربتم
این کراماتی حق است درمُرده و احیای من

۱۴۰۲/۴/۷ اول عید قربان

دماغ تخیل

آه از سینه ی تنگم که شرر گُل نزند
در نفیرِ دل من رشته ی غم پُل نزند

تا دماغِ تَخَیّل عطر تن اش حس نکند
هَوسِ بوسه ز لب های قرنفُل نزند

مثل خورشید که در بطن خودش میسوزد
تنم آتش کده و چاک یخن وُل نزند

ز عَطَش با جگرِ گل زده لب تر نکنم
که آتشی پیک لبش بیخ دلم زُل نزند

دست من گر نرسد زلف پریشان تو را
باد هرگز سَرِ کس روغَن سرسُل نزند

در میانِ من و او فاصله ها بسیار است
نِگَهم در نظرش باز تمایل نزند

هوش سـرمازده ی فکـر مرا، می ترسم
دختَـری رز ز پَسِ شیشه به قُلقُل نزند

قـد رعنای کـه را در تَخیّل نقش زدم
هر چه از کلک عجب ریخت تغافُل نزند

قطره هشدارکه ازفتنه ی چشمش نچکد
ژاله در بال و پَر سوسَـن و سنبُل نزند

لیل ۱۴۰۲/۳/۲

ریاضت گاه شوق

پیری و دامان حسرت پُر ندامت پرور است
من به قدرِ تـار مو یادِ جـوانی می کنم

در طریـقِ پاک بازی کس ندارد جرئتی
این منم که دل به راهت خاکدانی می کنم

دستگاه ذهن و هوشم ازتخیّل روشن است
نقش در تصویر دارم، خامه رانی می کنم

کشتیِ بی لنگـرم با موج دارد این سخن
در نَـوَردم، هـم رکابت بـادبـانی می کنم

رنج دنیا، فکر عقبا شد حریفم در قفس
تا نفس درسینه داغ است پهلوانی می کنم

بی سر و پا در ریاضت گاه شوقم ذرّه وار
مشتِ از گرد و غبارم پر فشانی می کنم

شمع داغم نیست وقفی درشرار و سوختنم
زندگی را چون کتابی خط پرانی می کنم

غوطه در آتش کنم یا خیمه در محشر زنم
نیست پروا در سرم اخگـر چلانی می کنم

با تپش ها نبض دل درمن قیامت می دمد
تا تو را در سینــه دارم آسمـانی می کنم

بس که ازخود رفته ام تا بازگردم در خودم
از عدم هم سایه بر دنیای فانی می کنم

نیست شکلی درسپاهی هم طرازِ قطره ای
جان فدا از لشکرت من پاسبانی می کنم

معدن گنجینه

روز تـا شـب نقـش یارم در رُخِ آیینه بود
هرطرف میرفت پا دل حاکمِ این سینه بود

درد گُل کـرد و غـزل شد درخیال و دفترم
طبـع سرکش کارگاهِ این دل بی کینه بود

ریخت اشکِ چشم گردون درمقامِ فقر من
این طلسمِ عجز ما درخرقه ای پشمینه بود

فکـر دنیا را نداریـم ار ز عقبـا بگـذریم
یک جهـان مشتاق، دربـال و پَرِ آیینه بود

مست دو عالـم به سر دارد کـلاه عـزّ و جا
چون شرابِ ناب وحدت، از دِل کنگینه بود

قدرتی نیست درسلوک عجز ما جزپای دل
تا زدم پلکی زمین تا آسمان هـا زینه بود

سخت دشوار است خلایق را ز غفلت وارهی
درقفس ها جستُ خیز از فطرَتِ بوزینه بود

بس که واعظ هرزه تازی پشت منبر میکند
از تحیّر دست و پایم در رکابِ خینه بود

عشق را در کنج دل های خرابه کن سراغ
روح پیرم شاد بادا معدَنِ گنجینه بود

قطره پایِ احتیـاجت آبله دارد چـه باک
ماجراکم کن که زخمت کهنه و دیرینه بود
/۱۴۰۱/۱۰/۲۵

دست غریق

کسی جز من نمی داند مدارِ خسته را
جهانِ گردشِ رنگ و دوارِ خسته را

چو موسم یک گراری رفت پیش از دایره
یخ و تگرگ زند گل، نو بهارِ خسته را

نمی ارزد دو عالم زهد ما چون بشکنیم
پیاله ای شرابِ می گسارِ خسته را

به گوشی نیست مروت یک نظر برما کند
که دید دست غریق و آن هوارِ خسته را

بساط زندگی ما جز پریشانی نبود
به یک دَو باختیم از دل قرارِ خسته را

خراسانِ خیالم اضطراب ار گُل کند
مسافر می کَشد آخر تبارِ خسته را

کنون عمرم گذشته در تحیّر و جنون
کشد آخر ز فکرم این شرارِ خسته را

اگر گیتی شکسته درب مهر و آرزو
مزن پا و مده هجرت غبارِ خسته را

سیاه چالی که افعی نام دارد چه سَهل
به کامش می بَرد، آخر شکارِ خسته را

۱۴۰۱/۱۰/۱۵ پنجشنبه

تصویر انسان

طرح آدم را مَلایک گر چه آسان ریختند
در کـویـرِ سینه اش از جان جانان ریختند

موج طوفان از قِدم گل کردحادث شد پدید
زین وجودی در وجوبی رنگ امکان ریختند

خفته بودیـم در عدم آسوده با روحِ خدا
در بنای کنج هستی بند و زندان ریختند

و نَفخت فیـه من روحی ز قول ذوالجلال
از طلسـمِ آب و گل تصویر انسان ریختند

پرتَـوی حسنِ بلاکیفش تجلّـی مــوج زد
آرزو گل کـرد بیتابی و هجـران ریختند

ریختنـد از نـور او در جسـم ما پیمانه یی
از غبـاری در جهـان آیینه بندان ریختند

با فشارِ دهر پیچیدند در حلقوم ما
از مذابِ آتشین در قلب و شریان ریختند

بخت ما را درپر و بال کلاغان بسته اند
بهرهرکس در وجودش گنج پنهان ریختند

آن جهان را وعده دادند ازگذشتِ این جهان
از طفیلِ وهم و ظن تلقین وایمان ریختند

ریختند و ریختند و ریختند و ریختند
خاطرِ آشفته ی ما را پریشان ریختند

لیل ۹۹/۹/۱۷/۱۶

دشت لاله زار

بیا که با گل رویت دمی بهار شود
دمای سرد خزان رو به اختصار شود
ز خاکِ کوهِ تو به سینه می روم بی باک
که پاس مهر و ادب درج یادگار شود
هوای باغ دلِ من شرار گشته ز غم
ز شور هر نفسم دشت لاله زار شود
به خاک سرکشی ار وا رسد جنونی ها
ادب به پشت رموز خودی سوار شود
چو آفتاب جمال تو شش جهت تابد
دو عالَمی به غَمِ عشق سر دچار شود
بیا که با قدَمت خاک خشک سبزه کند
دلیل هر نفسِ سینه آشکار شود
به ذوق روی تو شبنم فدای حیرت شد
ز یک نگاه ذَره ی تو انفجار شود
بزن جلا دم تیغ نگاه خون بارت
که سر به راه تو هر قطره انتظار شود

/۱۴۰۱/۵/۲۵

بال عنقا

سر از جیبِ خیـالاتَ ارکَشـم دلبـر نیاید
تخیّـل گُـل کُنـد صورت، اما گُـل تر نیاید
چه سِحراست درکمینگاهِ بنای مهر و الفت
کز عشقی او هـوای شاعـرانه سـر نیاید
غـزالان امیـدم در کَویـرِ سینـه مُـردند
ز عشق نـا تمـامِ ما دُر از گـوهـر نیاید
نگین طاقتم فرسـود وکلکِ خامه بشکست
به یـادم خاطـراتِ او در این دفتر نیاید
غبار و گرد ساحل هم حریفِ بال عنقاست
دلیل آیینه زنگـار است از ایـن بهتر نیاید
بنـازم آهـوانِ دشت الهامت کـه هـردم
در این وادی به جزحیرت کسی دیگر نیاید
مقیم نارسایی ها در این صحرا جنون است
مرامِ دل بـه سعیُ و جهدِ بال و پر نیاید
زعریانی دراین میدان جبینم در عرق رفت
به آبِ رو خریـدارم کـه قُلقُل سر نیاید
ز دریـای غنـایت قطره هـا را بارور کن
اگر نامت بگیـرم هرگـزَ از مـن بر نیاید
/لیل ۵بر۶ قوس۱۴۰۱

داغ نامرادی

رفته ام از خویش من با چشــم گریان دربغل
تا نســوزد در رهت این چـاه نسیــان در بغل

می شوم آتش بــه داغ نا مرادی چون سپند
دود مــن بــالا کشــاکش گریـه نالان در بغل

خفته ام دردشت حسرت لیک عمری غافل از
کهکشــانی جلـوه ات آیینــه بندان در بغل

هر چـه را پیدا و پنهان در نظر گل میکند
دیده از شــوق تماشــای تو حیران در بغل

زین وجودی کز عَدم آورده اند افسرده ایم
آن سفر مقصــود گــم، اینک بیابان در بغل

آرزویم می شکست و می خـرامیـدم به دل
یک جهان دیــوانه را زنجیــر و زندان در بغل

بینشــی در غنچــه های آرزویــم می شگفت
گر براهــم ســد نمایــد داغ حرمــان در بغل

همچــو مجنون زیرخاکِ یاس میدارم سراغ
یک قلم معشوق گــم، خارِ مغیــلان در بغل

می روم آخر بــه داغ نــا مــرادی های خود
با کَویــرِ درد سینــه اشک ســوزان در بغل

قطره پای احتیاجت آبله باراست چه باک
کــرم شبتــاب ار نباشــد مــاه تابــان در بغل

/لیل۱۴۰۱/۱/۶/۵

بیکار و پریشان

من خانـه نشیـن استـم بیکار و پریشـانم
از نقـد نمـی ترسـم از قـرض گریزانـم
یک سـو غـم نـاداری یک سو غم معشوقه
یارب چـه کنـم چـاره این درد فریمـانم
هر صبـح که بـرخیـزم غـم های جدیدآید
غـم بـر سَرِ غـم بـارد تـا شـام غریبـانم
در کوچه و پس کوچـه هر روز قـدم دارم
من عـابـر گـم گشتـه مقصـود نمی دانم
هرگـز نکنـم شکـوه از جور خلای جیب
من غیـرت وجـدان را، در بـاد نریزانـم
بـا قـامت بشکستـه نالیـدم و غلتیـدم
لیکـن نکنـم سـر خـم در پای رقیبانم
آواره و مسکینـم در خویش سفـر کردم
از سـوز و گـدازِ دل می نالـم و گریانم

با هرکه طرف گشتم با کس نشدم همسر
بازیچه‌ی طفلانم هم پای ضعیفانم
در کشور جان من افتاده سیه سایه
سرد است جهان دل، از جور رفیقانم
در مجمر هجرانم می سوزم و می سازم
خاکستر عشق استم در راه فقیرانم
کوه غم و اندوهم مردانه نگه دارم
یک سینه سخن دارم در چشم یتیمانم
من بی خود و رنجورم از وضع ادب دورم
زندانیِ تشویشم، از خویش هراسانم
اسرار عدم خوانم در جیفه‌ی این دنیا
من قطره‌ی ابحارم حیرت زده هیجانم

لیل. ۱۴۰۱/۵/۳/۲

کُنج خرابات

ماییم و همین دار مکافات و دگر هیچ
این سّرِ پُر از شور خیالات و دگر هیچ
از خون دلم بسته حنا پای قناعت
گفتیم جوابی به سوالات و دگر هیچ
القصّه ز یوسف و زلیخا که بگویم
در کشورِ دل بود و حکایات و دگر هیچ
گویند که عشق است رهایی ز دو عالم
شد مسکن من کنج خرابات و دگر هیچ
در مکتب رندان نخُواندیم به جزِ فقر
عرفان و قلندر و کرامات و دگر هیچ
در پرده‌ی اوهام چو بستیم یقین را
دل بار شُد از شکّ و گُمانات و دگر هیچ
یک قطره که گل کرد دراین بحر معانی
در اوج سخن کشت، مناجات و دگر هیچ

۷/۲/۱۴۰۰

زورق شکسته

بهـار و فصـل جوانی شتـاب می گذرد
بیـا که زندگی ام بی حساب می گذرد
بزن شـرار و بسوزان جهان رنگ مرا
اگر بـه ذهـن تو فکرِ خراب میگذرد
ز تـار هـر نفسـم سـاز درد و غم بارد
بیـا که ناله ی چنگ و رباب می گذرد
خزان جَـور تـو پژمُرد و پیر کرده مرا
ز شرق سینـه ی من آفتاب می گذرد
فتـاده عکس تـو در قـاب نامرادی ها
کنون تمـام امیدم به خواب می گذرد
دلـم گرفتـه و جـان بر لبم رسید آخر
بیا که با قَدَمت ایـن عذاب می گذرد
خیـال خـام و لب خشـک آرزو هایم
ز تشنه کامِیِ دل، در سراب می گذرد
کجا رسد لَب ساحل شکسته زورق جان
ملاح خسته که در منجلاب می گذرد
بزن جـلا دَم تیـغ نگـاه پر خونت
که تیر هـای قضا بی نقاب می گذرد
لیل/۱۴۰۱/۷/۱۸/۱۷

داغ سینه

گذر ز عیش و هوس کآتشی خطرناک است
تو بال شبپره ی دشمَنِ تو بی باک است

در این بساطِ جنون و هوس دلم خون شد
چنان که ناله ی ما هم نوای پژواک است

گداز و سوز گلان پشت خنده پنهان بود
ز داغ سینه، گُلی لاله پاره و چاک است

مبند دل به جهانِ پر از جفا و جور
که این عجوزه ی بی رحم پیرِ اهلاک است

دلم به آتش و پروانه و شمع خون گرید
که جای شان همه یکجا به زیر این خاک است

کجاست چشم خماری که مرد افگن شد
جهان نشه ی میِ ناب پیک کنیاک است

مباش تو غره به ساز و برگ سامانت
بهار شوخیِ رنگ عاقبت اسفناک است

دلت به بی کسیِ شعله خون شود باید
که از اضطراب فنا چشم او به افلاک است

ببین تو حال مَنِ زار و موج دریا را
که جسم زورَق زخمی اسیر کولاک است

در این زمان معاصر ز عافیت دوریم
که حرف زاهد بی مغز ز چوب مسواک است

«نیامد ست شرابی به عرض شوخی رنگ»
جهان نشئه‌ی سایه و گرد تریاک است

۳۲/۳/۱۴۰۰

شاعر شدم

در جهـان شاعر شدم ای کاش ماهر می شدم
با سیاست دالـه مـاری کـرده ساحر می شدم

می زدم پر در سَرِ هـر کس بـه قدرِ فرصتم
تا ریاست مـی رسیـدم پُخته آمــر می شدم

در «کروزین» می زدم شخ شخ چکر با گُلرُخی
عطر و پودر میزدم خوش تیپ، حاضر می شدم

می نهادم پا به میشت خانه ی «فضلی گروپ»
با کَش و فش ،طُمطُراق و مست، ظاهر می شدم

دستیارانِ پری وش، در قطــار آمــاده باش
در دلِ شب ها به نوبت جوره عابر می شدم

در بغل می داشتـم زیبا «ذلیــل» و «لنگری»
از خداوندِ جهـان صد بـار شاکر می شدم

گر دلم را می شکستاندی جگر ماهی «سما»
از «خلل زاد» و «محب» آزرده خاطر می شدم

با دلالان «غنی» و خود فروشان دیار
مال مردم را به سرقت برده تاجر می شدم

در فروش این وطن با «بسم الله» و «امرالله»
پول دالر می گرفتم، شرم سایر می شدم

چاکران بی بدیل و نوکرِ غرب و یهود
گر نمی بودید کَودن، کی مغایر می شدم

هرکسی در این کشاکش های بی پایان «ارگ»
در سَرِ مردم بمالد شیره، ناظر می شدم

کاش می بودم به جای خاینان و بزدلان
مثل «قانونی» فراری و مهاجر می شدم

می زدم قالینچه زیرِ پای «کرزی»، یا « غنی»
مـارشـال و رتبـه بـالا فـوق آمـر می شدم

یا کـه می بودم وزیرِ مـزدور و پرتاب غرب
جیره خوار و بیضه مال و سرمشاور می شدم

از قضـا گـر پـادشـاه و صاحبِ دولت شوم
خنجـرِ بغـض و عـداوت، تیغ مـاکِر می شدم

پشت حمـد الله «محب» را بار و پالان میزدم
با فغان می زد که ایوا کاش قاطر می شدم
۱۲/۳/۱۴۰۲

مقام حیرت

جبر و اختیار

آتشِ شهوت اگر شش طرف آمد به کمینم
به هـوا برد مرا سهـل چنـان زد به زمینم
طفلکی در هوس آلوده ی این باغ گل استم
لاجرم باد اگر از هر بتـه و شـاخ نچینم
گردنِ ما در ازل بسته به تقدیر تو کردند
قول و افعال که مختـار نباشد چه گُزینم
گر خطا های که سرزد ز تر و خشک جهانم
انفعـالش عَرَقِ بسـت سر و طـاق جبینم
ز گناهی کـه نکردم بـه دلیلِ چه هراسم
بجز از رحمت و فضلِ که نبوداست قرینم
اختیارم اگـر از جبـر بگیـرد به رضایت
بهتـر از جـام و لبِ یار گنـاهی نگزینم
یارب از کنج دلم زجّه و آهی نکشیدم
تا به درگاه تو آیـد همه اوهـام یقینم
به مقـامِ نرسیـدم ز رَهِ فقـر و قناعت
می روم جای که جز درد و الم هیچ نبینم
به سرم مقصد و منزل ز بهشتِ تو نباشد
صُوَرِ فکر برون تـاز عـدم، نقـش نگینم
/الیل ۱۴۰۰/۱۱/۱۲/۱۱

اندکی تامل

هی به نامِ دین و مذهب می کُشند
کاج را در دشت برچی سر زدند
طفلکـانِ میهَنم را بــی دریــغ
کرگسـان و لاشخـواران مـی درند
این گـروهِ ظالم و خون خوار قرن
خون مـردم را به ناحق ریختند
دین حق را بد نمایش می دهند
حکم و فتوا از شکمبه می کَشند
ایـن کلاغـانِ سیاه و پر سپیـد
هست و بودِ خلق را آتش زدند
بس که از ترسِ خدا غافل شدند
آبــروی دیــن حـق را برده اند
از به جایی عشق ورزی در زمین
مهر و الفت را ز ریشه می کَنند
مرگ تان باد ای زبون هایِ سلاخ
اندکی صبری چریکـان در رَهند
۱۳۹۹/؟/؟

تجارت دین

با نــام خدا و دین تجارت کردند
در مسجد و مدرسه خیانت کردند

در منبَر و محراب سخن ها گفتند
پشت و پَس هرپرده جنایت کردند

ازبس که پلید و مفسد استند حتی
با مرکَب مُرده هم لواطت کردند

یک ذرّه تفاوتی ندیده کس هیچ
ازکرده ی خویش اگرندامت کردند

آیات قـران و سـوره ها را یکسر
ناخوانده به سر چپه روایت کردند

نی دوست شناختند ونی دشمن را
در جـام و پیاله هـا خباثت کردند

با رهزنی و چـور و چپاول دایم
بر مذهب و دین ما اـانت کردند

پیمـان وفـا به کفر بستند آنجا
آیـات جـدل به ما قرائت کردند

با تیـغ بُریدنـد گلـوی مـا را
با نـام خدا غلـط قضاوت کردند

لیل ۹۹/۱۱/۱۱/۱۰ جمعه

صلح و ازادی

ای قهـرمان صلـح و آزادی و دین
آن روح پاکت در جـوارِ حق قرین
یاران تـو ما را همـه یکجا فروخت
در قتل تو دارند دستِ بُخل و کین
مشت خیانت کـار و خایف، چاپلوس
یکسر غلام استند و خایـن به یقین
هرکه ز خدمت لاف زد مارا شکست
غرقِ عـرق شـد شرم، از ننگِ جبین
میهن ز تیـر مفسدان مجروح شد
غارت بکردنـد و چپـاول در زمین
خانـه و کاشـانه همـه تـاراج شد
نی ملک مانده نی مکان و نه مکین
از پنجشیـر و کابـل و بلـخ و تخار
خاک وطن شد مال پاکستان و چین
۱۴۰۱/۴/۵/

کج کلاه

ای کج کلاه بر خیز حکمت را ببین
تصویر تو شد رهبَرِ نسلِ نوین
ار شهسوارانِ غزل واقف شوند
از ضرب تیغت می سراین بعدَازین
درجان دشمن لرزه می افتد ز ترس
گرمی شود شنگِ پکولت بر تبین
در سنگرِ داغ از پَسِ کوه پایه ها
آید صدای تیغ شیران در کمین
نعره کنان الله اکبر بر زبان
بر فرق دشمن می زند با تیغ دین
آزاده گانِ صف شکن والا نژاد
مسعودیان با وقار و با یقین
هندوکشان گیرد دو باره جان ز تو
ای آفتابِ روشنِ مشرق زمین
از کار زارت می نویسم سال ها
در صفحه ی تاریخ با خطّ زرین
۱۸/۶/۱۴۰۱

در وصف حضرت نجم العرفا (حیدری وجودی)رح

وجـودی عـارفی دریـا دل و والا مَقـام
ز وحدت باده ها نوشید بیش ازیک دوجام

شهنشـاهِ بلنـد اختـرکه دُر پرورده است
عقابـانِ خیـالش می کَشـد گـوهـر مدام

طریقت را بنـا کـرد از گِـل و بنیاد عشق
وجـودی و شهـودی پایـدار و مستـدام

ز بـی دردی دردش عبـرت آورد ارمغان
در اقلیمی سخنـور لنگـرش می زد خرام

زکفر و دین گذشت اندیشه اش دُلدُل سوار
به زیـرِ پـای فکرش کرسی و لوح و قلام

به سلکِ معرِفت شد انتخـابِ ذوالجلال
به میدانِ تحیّـر رخش هوشش بی لگام

میِ تحقیق را در وادی حیرت چشید
زبانش جوهرِ آیینه ی گویا کلام

طریقت را ز تحقیق و معاش ایجاد کرد
قِدم پرداز و حادث باورانش کرد نام

شرر واری سخن هایش براق و بی نقاب
کراماتش تجلّیگاه معنی شد تمام

قلندر وار و رندِ پاکباز و بی ریاست
کفن پوشیدُ لیکن زنده جان است درنیام

سلوک و مکتبش آیینه ی عرفان و عشق
مقاماتش ز هستی تا عدم دارد دوام

/لیل۲۸ بر ۲۹جوزا ۱۴۰۲

در مدح استاد سخن(فروزی پنجشیری)

دشت ریوت یک شبی پر نور شد
دیده ها از بـرق موجش کـور شد

یک سخنـدانی به دنیـا پـا نهـاد
روز روشــن آن شبِ دیجـور شد

از قـدوم نیک آن عالی جنـاب
کچکـن و پنجشیریان مشکور شد

چون«فقیـر» افتادنامش بی نقـاب
در قلنـدر پیشـه گی مشهور شد

آن«فروزی»نکته دان و نکته سنج
در جهان با حکم حق منظور شد

از خُـمِ افکـار او جوشیـد، شعر
چامـه هـایش شیره ی انگورشد

بس که ازعشق و مُحبّت میسرود
دفتـــرِ او لانــه ی زنبـور شد

هر که نوشید از شرابِ خامه اش
بی محـابـا نشئه و مخمـور شد

در سرایش های نغـزین پیش او
شاعــران دهلـوی مــزدور شد

سرکشید از نظم او چابک سوار
یلّ کچکــن در غزل منثور شد

مشت خونش می تپیددور ازوطن
زان سبب در دیده ها مستور شد

پس سخن کوتـاه گویم مختصر
شعر تر، از خامه اش گنجور شد

ای دریغـا آن سخندان و حکیم
دل ز دنیا کنــد و از ما دور شد

لیل/۱بر۱۴۰۲/۵/۲

مخمس کوتاه در چند بیت یک غزل حضرت (ابوالمعانی) بیدل رح

دویی را بشکـن و از بند و گرفتار برآ
سر فرو بر به یخن از غفلت بسیار برآ
ترک عشرت بکن از کرسی و دربار برآ
چون هما باش و ازین حال مگس وار برآ
«نیستی پیشـه کن از عالـم پندار برآ
خویش را کم شُمر از زحمت بسیار برآ»

زندگی چیست نگـر گـر ز خیالت گذرد
شیـون تیـر قضـا از سَرِ بامت گذرد
خوشـی و عشـرَتِ دنیـا ز سـرایت گذرد
طعم جان کنـدن و اموات ز کامت گذرد
«تـا به کی فرصت بیدار به خوابت گذرد
چون شرر جهد کن و یک مژه بیدار برآ»

چشـم دل کور شـده دیـده ظاهر حیران
همـه تقـوا شـده چون روی و ریا آفت جان
عقـل و اندیشـه شـده نیـز غلام شیطان
پای در مسجـد و دل در گِرَو سـود و زیـان
«خود فروشی همه جاتخته نموده است دوکان
خـواه در خانـه نشین خـواه بـه بازار برآ»

دو جهان سیر و تمـاشـاست مرام تحقیق
مست و مدهوش می و باده و جام تحقیق
شَکر و شهـد و عسـل ریز به کام تحقیق
اگر از خویـش برایـی بـه لگـام تحقیق
«سر سـری نیسـت هوای سَر بام تحقیق
ترک دعوی کـن و لختـی به سر دار برآ»

رسـم یــاری که به من پیــر طریقت آموخت
چاک دل باز کنــم تــا به کجــا باید دوخت
پر و بــالــم ز تَحیّر بــه تماشایت سوخت
سنگ عشقی به سر و صورت خود لابد کوفت
«شمع را تا نفسی هست به جا باید سوخت
سخت، وامانده‌ی از پـای خود ای خار برآ»

قطره گر بند و گرفتار و اسیری چه غم است
تاج داری به سر از فقر و فقیری چه کم است
در رهِ عشــق بــزن گام و دلیری حَکم است
دوست آگاه نشود تا که نمیری قسم است
«تکیه بر عافیت از قامت پیری ستم است
بیــدل از سایــه‌ی ایــن خم شده دیوار برآ»

مقام حیرت

مثنوی ها

مقام حیرت

باز گویی خواب، درباره مرحوم حضرت وجودی رح و غلام صدیق بقایی

بزرگـی را شبـی در خواب دیدم
تو گویـی در زمیـن مهتاب دیدم

لبش خندان بگفت ای نور دیده
که تو را عشق و عرفان برگزیده

از آن منزل بگو احوال و حالت
که تو را دیده ام با قیل و قالت

مگر تا کـوه ما فرسنـگ راه است
که افکارت پر از خاشاک و کاه است

سـرا پا در حضـورش آب بودم
خجالـت خـوردم و بی تاب بودم

ز تعظیمـش سرم بـالا نمـی شد
کس از حالِ دلم آگاه نمی شد

بگفتـا ای مُریـدِ عشق و عرفـان
به دشتِ بیخودی سر گشته سامان

تو را کنجِ خرابات است منزل
به خون آغشته ی چون مرغ بسمل

به استـادت ز ما پیغـام درد است
که بیراتش کنـون آوای سرد است

مریـدانش یتیـم و بی پـدر شد
ز سوز و درد شان عالم خبر شد

دو عالـم را سفـر بـا حال می کرد
جدایـی از تن و از مـال می کرد

وجـودی روشن و روشنـدلی بود
ولـی الله و پیرِ کـاملـی بود
/لیل۸/۹۱۴۰۰

عشق و خلقت

نخستیـن جلـوه را اعـلام کردند
تجلـی کـرد و عشقش نـام کردند

شرارش آتـش انـدر عالم انداخت
و نــور و غیرتـش در آدم انداخت

کمیـن گــاه عَقــل را آذرخشی
زمین و آسمـان بـر آب و نقشی

جهـان آتـش گـرفت از برق غیرت
ز دودش سرمه شد درچشم حیرت

غبــار و ذره هـا هـم جمـع گردید
ورود و گـام شیطـان منع گردید

مَلک هـا در تمـاشـاگه نشستند
مگـر معشوق را از دیده رستند

به آدم جمله شد مبهوت و حیران
که یارب کیست این ناخوانده مهمان

نگاهِ شان ز غیرت سر سری بود
که دل در بر نبود و همسری بود
طلسمِ آب و گل معجوب گردید
ملایک یک سـره مغلـوب گردید
ز حیرت هر طرف ساکت نشستند
کلید و مهر لب هـا را شکستند
بگفتنـد آخـرش یـارب چـه باشد
ز ما رنجیـده ی آدم کـه باشد
ندای هیبـتِ زد گــوش هــا را
پراند از ســر تمـامِ هوش ها را
همه با حکــم حق تسلیم گشتند
چو نقشِ فرش راه ترسیم گشتند
ملایک سجــده کردند بهــر آدم
طلسمِ آب و گل ملـزوم عـالـم
که آدم دیـده هــا را بـازمی کرد
لبش ورد و ثنـا را ساز می کرد
ز عقــلِ کــل بگفتــا فـی البداهه
ســرود از شـور عشقش در مداحه

در مدح حضرت عبدالحمید (اسیر) قندی آغا رح

یکی مرد سخن از شهر کابل
سخن هایش معطر با قرنفل

اسیر آمد لقب پیوند نامش
به شاگردی بیدل شد مقامش

ریاضت ها کشید در کوی بیدل
غزل هایش به رنگ و بوی بیدل

به رندی مثل منصور و سنایی
به دانش هم فزون تر از نوایی

به سبکِ مولوی تقوا و زهدش
منور شد ز او میهن و مهدش

حلیم و بردبار و پر صداقت
ولی شد در سلوکش با صلابت

به حکم حافظِ شیراز کوشید
شرابِ ارغوانی را چو نوشید

ز وحدت باده ها نوشیده والله
که معروف است به اسم قندی آغا

سخن هایش فصیح و پُر معما
به مکتب خانه ی بیدل مسما

به دستش مشعل عشق و محبّت
دلش خالی شد از کین و کدورت

گهی در کوچه های عشق مجنون
قدم می زد دلش آغشته در خون

به شب ها محفلی با اولیا داشت
دلی روشن ز عشقِ کبریا داشت

خلیل الله خلیلی یار و همدم
به دست راست اش دیوان ادهم

گذرگاهش دوکان عشقری بود
نگاهش سوی دنیا سرسری بود

گروهِ عالمان پرورده ی اوست
و کوتاهیِ ما شرمنده ی اوست

کنون غافل مشو از ضرب تیغش
قدامت پیشه است آیین و کیشش

ادب را مشعلی هر خانقا کرد
نخستین خشت مکتب را بنا کرد

ز عجز بیدلان تفسیر دارد
قلمرو تا سرِ کشمیر دارد

تَصوّف شد بنای محکمِ او
نمایان است به هر جا پرچمِ او

اثر هایش کلید عشق و عرفان
خطوطِ بوریایش گنج پنهان

چو عریان است جنون شوکتانش
کراماتش نهفت اندر زبانش

قلندر پیشه ها مجذوب اوشد
همه پیر و جوان محبوب او شد

ز خاکش گر گذر کردی دعا کن
دعا ها در حقِ پیران ما کن

لیل ۱۴۰۲/۴/۱۸/۱۷

رباعی ها

در بادیه خورشید جلایش زده پر را
ای سایه تو بر گرد بِشو گرد سفر را
چون شبنم صبحدم جبین سای فنا باش
اثبات بکن عشق و بنوش آب شرر را

آتش نَفسم دل و درون می سوزد
آب و گل من ز حد فزون می سوزد
تا گوهر خون بسته تَحسُّر کده است
گر آه، کشم جهان دون می سوزد

ای غنچـــه بـرا دمی تماشـا بِفُروش
از جلوه ی بو نفس به صحرا بِفُروش
ای ذوق بـه پـای انتظـار شمع بریز
از اشک و عرق ز دیده دریا بِفُروش

تحقیق مرا دو بال و شهپـر بوده ست
در سیر و سفر عصا و رهبر بوده ست
چون پرتـوِ انـوارُ چـراغـی افـروخت
ایـن گـوهـر نـایـاب مُنـوّر بوده ست

تحقیــق مرا تا حـدِ امکـــان برده ست
با بال و پرِ دلیل و بـرهان برده ست
در سیـر و سلـوک با عصای تَفَحُص
از عالم دون به سوی عرفان برده ست

آنان که به شیعـه و سونـی تاخته اند
بـا تیـغ جفـا بـر حنَفـــی آخته اند
ز این جهـل، روافـض و خوارج هر جا
در راه خدا خار و خـس انداخته اند

آن جــام کــه در روز الســتم دادند
دســتـان مـرا بُریــده دســتـم دادند
من غرق دو خورشیــد سپهــرت بودم
بــا مــوج تَشعشُعــی شکستــم دادند

از کوچه و پس کوچه گذر می کردی
با گوشه ی چشم خود نظر می کردی
در نقش خرامت چِقَــدر دل می ریخت
ای کاش ز خون مـا حــذر می کردی

در نیمهٔ شب که قرص مهتاب رسید
آتش به درون و دلِ خوناب دمید
یک دست دعا و دیگرم باده ی ناب
از چشم خمارم یم و گرداب چکید

در فقر و غنا از بس که کوشیده ایم
چون شیشه رُخِ زنگار جوشیده ایم
با عینک تاریکِ نظر کرده ایم
از عالَمِ رنگین چشم پوشیده ایم

قومـی به گمان رفتـه که ما مهتریم
قومـی دگـری گفتـه فـرا بهتریم
با سنگ جهـالت که به سر می زنند
در چشـم جهـان خُرد تـر و کهتریم

یارب ز کرم، محتـاج و پسـتم نکنی
مضمـون و فرو مـایـه و خستم نکنی
حاجات اگـر از شش سو کمینم بزند
دستـی طلبـم را سـوی دستم نکنی

آیینه‌ی ما ز عشق روشن شده است
در کوره‌ی داغ ذوب وجوشن شده است
هر غنچه در این باغ طلسمی دارد
سر تا به قدم بهار و گلشن شده است

آثار فنا در لب و رویم زده گل
کافور سپید رنگ مویم زده گل
این گوهر خون بسته به جایی نرسید
پرواز امید و آرزویم زده گل

لب هـای تو آلـوده ی خـون شـد جانا
آلـوده ی رنگِ دل عـاشـق به خدا
خون شد عاشق به ناوکِ خنده ی تو
جانـا بـه خُـدا خنـده ی تـو کشته مرا

ایوا که اسیر مشت جهلیم هنوز
آغشته به خون و غرق دردیم هنوز
در راه دفاع از وطن و از مردم
عاشق به کمان و تیر و رزمیم هنوز

در فصل بهاران لاله ها می ترسید
از باد سمیگل غنچه ها می لرزید
یک دشت امید و آرزو شد بر باد
و از حادثه پای بلبلان می لنگید

پاییز ، گُل و مُل را به یغما برده
رنگ ازطرب و ازغنچه بو ها برده
از کشور مایوس و فلاکت زده ی
این سیل حوادث پلّ و دریا برده

در بستر دل غمت مبارک باشد
حجمِ نفَس و دمت مبارک باشد
ای چشم دلی سوخته و خاکستر
دریا دریا نمَت مبارک باشد

عاشق نشوی جامه دریدن دارد
صد سوز و گداز و غم خریدن دارد
نا دیده مگیر حرف مردان خدا
افسانه ی تحقیق شنیدن دارد

پیری که رسد حوصله کم می گردد
دریـایِ الم بسـاط غم می گردد
در باغ خزان و گُل زرد ار برسد
سرو چمنت شکسته خم می گردد

آنان که به نام دین حق تاخته اند
با تیغ جفا بر سَر خلق آخته اند
با وعده ی باغ و راغ شان کوردلان
اینجا وطنم را جَهَنـم ساخته اند

راحت طلبی ز وهم طاقت بگذر
از بیم بلا و ترسِ آفت بگذر
در سفره اگر ترس تو میگردد پهن
از شربت انتهور و جامت بگذر

ای دُخت وطن کمی تحمّل باید
در هر قدمی دمی توکّل باید
در امر خدا که آیه ی آزادیست
با صف شکنان شوی توصّل باید

ای عشق مُقدّس پر و شهبازم باش
در سیر فلک دو بال پروازم باش
هرگز نکنم عمل خلافِ میل ات
هر جا که روم یاوَر و هم رازم باش

این گوهر خون بسته که دِل گویندش
معجون طلسم آب و گِل گویندش
آگاه که شد بهشت جایش باشد
غفلت بکند پاره‌ی جِل گویندش

دل زخم کهن دارد و درمانش کن
در آتش خود کباب و بریانش کن
این عالم رنگ و بنگ سِحرش نکند
از قید هوس ربوده زندانش کن

ای دل دِلِ من غَمَت مبارک باشد
شور و تَپِش و دَمَت مبارک باشد
از چشم سیه مست تو خون می ریزد
دریا دریا نَمَت مبارک باشد

در شیخ هنوز طفلی ارضا نشده
چون کودک وضعش پت و اخفا نشده
هرچند حکیم علم وحکمت شده است
از طینَت او مزاج بد تا نشده

راحت طلبی ز وهم طاقت بگذر
از بیم بلا و ترس آفت بگذر
گر بستر ناتوانی تو گردد فرش
از قوّت و زور و بازوانت بگذر

ای قــوم ستم دیده تغافل نکنید
با جمــع فراریــان تعامل نکنید
باور نکنیـد به فاسقان بار دیگر
از بهر خدا دیگر تجاهل نکنید

از بس که نفس نامه رسانی دارد
با بال و پَرش خانه تکانی دارد
این قاصِدَکِ دُزد چهار و دو سال
از قصر تنم خشت پرانی دارد

ای رایحه‌ی گل و گُلستان بگو
از مشک خُتَن عطر دل وجان بگو
بشنو سخنی ز ما، ببر جانب او
وز داغ دلی لاله کما کان بگو

آغشته به درد و غرق خونم هنوز
در سایه‌ی زلفِ او سکونم هنوز
با شور و شرر داغ و کبابم کنون
رنجور و پریش و غم درونم هنوز

مقام حیرت

عید آمد و افسوس که در تبعیدیم
از چشم زمانه و فلک افتیدیم
در بام یکی دَرفش اغنا بالاست
بامی دگری گرسنه‌ها را دیدیم

از نای شکسته صوت بیهوده مخواه
آواز خوش از دلی غم آلوده مخواه
در کوره‌ی دل کباب و بریان گشتم
جز داغ و شرر ز شاخ فرسوده مخواه

وادی تَحَیُّر کلید عرفان بوده ست
در دشت خودی سریردوران بوده ست
دو صد پَرِ طاووس تجلّی دارد
این جلوه ز هرجهت نمایان بوده ست

بیدل سخنت دلیل و برهان دارد
تصویر گُل و لاله و ریحان دارد
دریای عسل ز خامه ات گلریز است
موجِ غزَلت گوهر و مرجان دارد

انبار نَفس به خــون دل +شت دارد
امواج غبار و بال و+حشت دارد دارد
عمریست که در هر تَپشی می سوزم
آیینــه ی دل شــرار و +دهشت دارد

اســرار نظر ز سُرمه نشئت دارد
گرد و نفسم غبار وحشت دارد
سحریست که از کلک عجب میریزد
آیینه ی دل مقــام حیرت دارد

دیر آمَده ام ز قهــر تو ترسیدم
معذورَم اگر در رَهِ تو لغزیدم
با جان و دلِ خسته به راهت بودم
چون اشکِ سفر ز چشم تو غلتیدم

هنگامه ی تشویش فشار و عَصَب است
این مرگ خودی گهی وراثت نَسَب است
هر کس که شکم سیر به بستر برود
شایستــه ی ناسزا و دشنام و سَب است

مقام حیرت

آن جلوه تَحیّر ز خودش می بافد
انبار هوس گوشه ی دل می کافد
در فکر و خیال عاشقان پر می زد
ذرّات نگاهی که زبان می فافد

از بس که شکست رنگ ما گُل دارد
دریایَ عرَق شــرم، تداول دارد
هنگامه ی درد است،که طوفان دارد
در گوشه ی دل رشته ی غم پُل دارد

سرمایه ی هستی همه درجیب فناست
آنسوی چمـن رنگ گُل و باغ بقاست
افسانه ی تحقیـق شنیــدن دارد
آیینه ی دل گرد نفس های خداست

درخلوت دل نَفس ندامت خویش است
این سلسله تـا روز قیامت پیش است
آثار فنا در پَر شبنم گویاست
از گَرد عدم هَوس قدامت کیش است

نازُک صُوَرم طبع و خیالم عشق است
سرچشمَه ی خورشید وکمالم عشق است
با فطرَتِ بیـدلی سُخــن می کارم
در اوج غزل شهپر و بالـم عشق است

بیدل نَفَسم نَفَـس جنــون می بافد
شور و هَوَس و لخته ء خون می بافد
در روی عَدم شرم عَرق گُل می کرد
این کارگـهِ دل است فسـون می بافد

نا گشته جوان خراب و کمپیر شدیم
از زندگی و از دو جهان سیر شدیم
یارب چه خطا سر زده در فطرَتِ ما
کز روز ازل فدای تقدیر شدیم

ای دل دِلِ من تو را زمینگیر کردند
از دست جفای دوستان پیر کردند
دیریست که در بستر غم میپوسی
دو پای تو را ولچک و زنجیر کردند

مقام حیرت

آن شیر خدا حیدر کرّار به کار است
سر لشکر حق خنجر و تلوار به کار است
عثمان و ابوبکر و امام جعفر و اعظم
عدلِ عُمَر و احمَد مختار به کار است

صورت نَظَران ورد و دعا می گویند
هر چند خُدا و یا خدا می گویند
با چهره ی ظاهر همه پنهان دارند
در قامَت و سجده کابَلا می گویند

آن زاهدِ بیچاره دلاور بوده است
در بحرگمان غرق و شناور بوده است
غافل ز یقین و علم و عین الیقین
بی باوَر و گمراه و جناور بوده است

در کشور ما مشتِ خطا کار استند
در راه خُدا یکسر ریا کار استند
ما را ز مُحبّت به زنی می رانند
خود تا به گلو غرق و زنا کار استند

در حسرَتِ دیدار تو دل می لرزید
خورشیدُ فلک در دل شب می ترسید
دیدم به امیدت دو جهان باخته شد
روزی که نقاب از رُخِ تو می غلتید

بافلسفه و سیر و سلوک افتاد کارم
از بیدل و مولـوی هزار ارشاد دارم
آن شیخ شبستری غزالی و سنایی
ابنِ عرَبی و بایـزیـد است افتخارم

دیریست که ذکر و روزه بر لب دارم
تسبیح وُ دعـا ها در دِلِ شب دارم
بیگـانه ندارد حـرف در پشت سرم
از جور و جفـای دوسُتان تب دارم

عمریست گدای سَرِ کوی تو استم
در بندِ وفای سِیّه موی تو استم
ای ساقی مجلس مُکَرر پرکن جامم
مغروق نگـاه و گُلِ روی تو استم

مقام حیرت

ای عشق شرر خوی خرابم کردی
خاکسترِ یک مشت ترابم کردی
معتاد به جرعه ی نگاهم کردی
پیمانه ی از خمر و شرابم کردی

رفتم به چمن سیر و تماشا کردم
صد شور و شرارِ تو به دل جا کردم
چون قطره فتادم به درون تبخیر
پرواز فنا کردم و پر وا کردم

ای عشق همیشه گوش کر داری تو
از تیــر نگــاه کــس شــرر داری تو
با شیر دلان همیشه دشمن بودی
از سوخُته گان مگر خبر داری تو؟

عشقــا بــه برآ که شیــر مادر خوردی
از خون دلم به جام و ساغر خوردی
با خسته دلان تو در عداوت بودی
با شیــر دلان همــش ز پا در خوردی

درعشق تو من جان و جهان می گردم
از جـور و جفـای تو فغان می گردم
ای ظالِم غـارت گـر جـانـم برگـرد
بی وصل تو بی کـام و زبان می گردم

شرق یخنت چو چشمه ساران تر بود
اندام تنت بـه زیـر بـاران تر بود
آتش ز فراق تـو به دل پروردم
رویم در عرق ز آبشاران تر بود

یارب تو به موسا یک عصایی بفرست
از درگهِ خود نور و صفایی بفرست
در مُلک ستم دیده و ویرانه‌ی ما
یک مرد حکیم و با خدایی بفرست

عمری ست درون سینه‌ام جایت بود
تصویر رخم به چشم زیبایت بود
به حکم و سزای عشق و مهر و الفت
از خون دلم خینه کفِ پایت بود

مقام حیرت

دو بیتی ها

مقام حیرت

به یادِ تو، غزل سر میکنم من
ز اشکِ خود جهان تر میکنم من
قصیده و رُباعی می سرایم
دلم را باغِ اخگر می کنم من

جهان در پیِ تسخیرِ مریخ است
دریغا بحث ما در حدّ ر... است
جهان در فکر اثباتِ خداوند
در اینجا یاوه گویی بی دریغ است

به یلدایت قسم یلدا ندارم
به جز امشب دگر فردا ندارم
به اندازِ نگاهت شرم بادا
شهیدِ حسرتم، دردا ندارم

جهان، رنگش ز بی رنگی دمیده
دل از سوز و گُداز اخگر خریده
چه گویم از نشانِ بی نشانش
طلسمِ حیرتم بیدل کشیده

امیدم در هوایت رقص می کرد
نگاهم در قفایت رقص می کرد
قدم هایت به روی بوسه هایم
غبارم زیر پایت رقص می کرد

تبسّم از لبت گُل می فروشد
نگاهِ سرکَش ات مُل می فروشد
ز عطرِ زلف و جسم نازنینت
دلم سویت تمایُل می فروشد

هریــوای خیــالم دردمند است
طراوش های ذهنـم درکمند است
قیامت گل دمیـد از اشـک خامه
سـرودم آتش و کاغذ سپند است

زمین سـرد و هـوا ماتـم گرفته
غـم و درد و الــم، عالــم گرفته
قیـامت می دمـد در ملک خاور
شـرار و سـوز و غم جانم گرفته

قیامت خیمه می زد در هریوا
زمین خاکستر و دودش هویدا
ز حجمِ درد و غم های فراوان
بکوچیدن ز بستر پیر و برنا

نگاهت در دلم پُل می زند یار
ز مژگانت به سویم می دَود تار
ز سودای محبت در حذر باش
زر و سیمی ندارم میشی آزار

پرستو های دَورا دَور ساحل
به عشق و عاشقی گردیده مایل
به ساز موج می رقصند و زیبا
مثالِ واژگـان در بحر کامل

غچی های بهـاری قاصدان است
سفیران طراوت بـی گمان است
قدومش را به فـال نیک گیرید
که یُمنِ بال شان خیرِجهان است

بهـاران رفتـه از آب و گلِ ما
زبانه مـی کَشد هر مشکلِ ما
ز تلقینـم زدم در کهکشان ها
که بر تابد بُراقش در دلِ ما

بهار آید طرب آید چه حاصل
نمایان گر شود آن بدر کامل
برای ما دگر فرقی ندارد
شهید و بسملیم از تیغ قاتل

بیابانی وطـن گلخن نباشد
سَرِ آشفته گان بی تن نباشد
نصیبِ ما شـده دردِ فراوان
الاهی این جهان بی زن نباشد

در این کشور کجا نوروز داریم
ز دستِ کلفَتان بد روز داریم
بساطِ سفره ها جز خون نباشد
فغان و ناله ها هر روز داریم

زنانِ کشور ام قربانی استند
نمادِ ناله و افغانی استند
به زیرِ سنگ مردان جفا کار
جراحت خورده اند وفانی استند

تو ای زن مرد هرمیدان تو استی
دو بال و شهپَرِ مردان تو استی
نگیری دست خود راکم تَر ازمرد
اگر غفلت کنی افغان تو استی

بهـارست و بهارست و بهارست
گُلِ لالـه دلش پر از شرارست
خوشی هـا مثل فصل و عمر لاله
کـه پلکی می زنی پا درفرار ست

بهـار آمـد و لیکـن اشکبـار است
بـرای رستـنِ گـل بی قرار است
پرنـده می پـرد شـاخه به شاخه
به جای غنچه ها منجیله ماراست

کسی در مُلک ما دل جم نباشد
دلی آسوده و بی غم نباشد
دعایی من همین باشد‌شب و روز
الاهی در جهان ماتم نباشد

در این وحشت سرا دوزخ بدیدم
ز هردو چشم خود اشکی چکیدم
ز بازارِ پُر از فتنه و آزار
گهی درد و گهی غم می خریدم

خدا یا میهنِ ما دردمند است
شهید و کربلای ما دو چند است
تمامِ شهر ما بی خانمان شد
سراسر پیر و برنا مستمند است

غم ار به وسعتِ صدباغُ راغ است
گرهِ بختِ ما در بالِ زاغ است
الهی بشکند دستِ زمانه
دلم خیلی ز غم ها داغ داغ است

خراسـان! راد مـردانت کجـاشد
سپهسـالار و دورانت کجـاشد
کجا شـد آن همــه نام و نشانت
شمــالی و عیــارانت کجا شد

شب است و لیک مهتـابی ندارد
و تصویــر غَــم ام قابی ندارد
به ذوقی که نشـد این دیده ام تر
دو چشم من دگـر خوابی ندارد

بیا ساقی تو پرکن شیشه ای من
بزن آتش به خاک و ریشه ای من
ببر بالا مرا تا عرش بیدل
بکن تازه دل و اندیشه ای من

ز پروان تا به پریان ناله دارم
شمالی را سراسر لاله کارم
برای سر زمین درد مندم
شوم برق سحاب و ژاله بارم

«ز کابل تا به آیبک ناله دارم»
شمالی خسته را مرهم بکارم
فتاده تخت رستم دست دشمن
اگر دستم رسد کَی می گذارم

محمد ناجی و افضل ترین است
رسول الله و سیدالمرسلین است
فدایش می کنم جان و جهانم
ستوده است و فخرالعالمین است

دو چشمت آیـه های زندگانیست
لبِ نغز ات به رنـگ ارغـوانیست
الاهی عشـق و قانونش بسوزد
نصیبِ عاشقـان بی خانمانیست

بده دست ات به دستـم دلبرِ من
دلـم را بـرده یی تـو از   برِ من
مـرا کردی   تو رسوا مثل مجنون
ندارد جان دیگـر ایـن پیکـرِ من

بده دستت که انگشتــر گذارم
دل آزاری نکن طـاقت ندارم
ندیدی آتشی در سینــه ی من
که می سوزد دو چشم اشکبارم

سرا پا تلخ مثلِ زهــر مارم
نمی بینی مگر تو حال زارم
بیا با من مُروّت کن ز لطفت
که در هجرِ تو داغم بی قرارم

بیا دلبر به سویی من گذر کن
ز آهِ قلب داغ من حذر کن
ملنگ گشتم ز عشق تو دریغا
به رنگِ زرد و زارِ من نظر کن

غریبی، دردمندی، بی نوایی
برآورد از دل غمگین صدایی
که من آشفته ام زار و پریشان
خدایا خسته ام بشنو دعایی

هوای دی حمل هرگز نمیشه
نوای غم غزل هرگز نمیشه
خدای ما ز ما دلگیر گشته
لبِ تلخم عسل هرگز نمیشه

برای هر یکی ما غم رسیده
کسی چارک کسی را کم رسیده
ببین در هر طرف باریده مشکل
به چشم پیر و برنا نم رسیده

دلم سرد است و دایم بی قرارم
نمی بینی دو چشم اشک بارم؟
برای سرزمین سوخته ی خود
شوم برق سحاب و ژاله بارم

چه دنیایی چه عقبایی چه اسرار
یکی حیران یکی ویران یکی زار
چه اغنایی چه ناداری چه قانون
یکی سالم یکی زخمی و بیمار

اگر جبر است و مختاری نباشد
و گر قول است و اجباری نباشد
به جز وضع پریش و عالمی وهم
به ذهنم دیگر افکاری نباشد

پایان

برای دریافت این کتاب و آثار دیگر محمد ادریس بقایی به لینک پایین مراجعه کنید.

Barmakids Press

www.Barmakids.com

www.ingramcontent.com/pod-product-compliance
Lightning Source LLC
Chambersburg PA
CBHW030553080526
44585CB00012B/364
9781738101191